# METODOLOGÍA
para la formación de valores desde la disciplina
# GESTIÓN DEL TALENTO HUMANO
en la Universidad Agostinho Neto.

# METODOLOGÍA
## para la formación de valores desde la disciplina
# GESTIÓN DEL TALENTO HUMANO
## en la Universidad Agostinho Neto.

Profesor MSc. Ing: Joao Chimpolo

Número de Control de la Biblioteca del Congreso de EE. UU.:       2013903242
ISBN:                          Tapa Dura                    978-1-4633-5209-7
                               Tapa Blanda                  978-1-4633-5208-0
                               Libro Electrónico            978-1-4633-5207-3

Este libro fue impreso en los Estados Unidos de América.

**bobbychimpolo@yahoo.es**
**tamaramataralfonso@yahoo.es**
**armandafjf@hotmail.com**

Fecha de revisión: 14/03/2013

**Para realizar pedidos de este libro, contacte con:**
Palibrio
1663 Liberty Drive
Suite 200
Bloomington, IN 47403
Gratis desde EE. UU. al 877.407.5847
Gratis desde México al 01.800.288.2243
Gratis desde España al 900.866.949
Desde otro país al +1.812.671.9757
Fax: 01.812.355.1576
ventas@palibrio.com
450813

# Índice

# Introducción

La formación de profesionales competentes ahora y en el futuro es el objetivo supremo de la Universidad Agostinho Neto de la República de Angola, para lograrlo es preciso incrementar la calidad de la enseñanza superior, fortaleciendo la labor educativa desde la instrucción en todos los tipos de cursos y escenarios docentes.

El proceso de globalización exige de una mayor eficiencia, eficacia y pertinencia de los procesos formativos en la enseñanza superior, no solo en cuanto a la elevación del nivel técnico-profesional de sus egresados, sino también en sus cualidades morales.

De los valores se viene hablando bastante desde hace tiempo por parte de diferentes especialistas, con disímiles puntos de vista y enfoques, lo cual resulta lógico, pues constituye un tema muy complejo que puede ser abordado desde diferentes enfoques y desde los diferentes campos del saber que integran, por ejemplo, las Ciencias de la Educación: la Psicología, la Pedagogía, la Filosofía, la Sociología y la Historia, entre otras.

No hay nada más dañino en las ciencias en general que pretender simplificar un fenómeno complejo por esencia. El caso de la formación de valores constituye un buen ejemplo de ello, pues en no pocas ocasiones se ha pretendido investigarlos, e incluso aplicar criterios que, en aras de las urgencias de la práctica educativa, han provocado su vulgarización, y por ende, errores en su pretendida formación con los consiguientes resultados totalmente opuestos a los esperados.

O sea, la vía más rigurosa y científica de profundizar en el mundo de la educación de los valores dentro del proceso docente-educativo, es partir de posiciones cognoscitivas que reafirman su carácter multifacético, complejo y contradictorio. Multifacético porque posee muchas aristas, las cuales deben ser tenidas en cuenta en su interpretación, investigación y en la práctica profesional pedagógica. Complejo porque no se puede reducir a los elementos que lo integran o intervienen en su formación, porque se puede perder su propia esencia. Y contradictorio porque con mucha frecuencia se obtienen resultados empíricos y teóricos que se niegan entre sí, lo que dificulta la obtención de regularidades fácilmente aplicables a la práctica.

Un objeto de investigación educativa tan complejo como los valores no puede ser alcanzado con rigor solo desde la Pedagogía, de ahí la importancia de hacerlo en conjunción con las ciencias específicas que forman parte del currículo de las carreras universitarias, el objetivo de este trabajo es ofrecer diferentes criterios teóricos y metodológicos sobre la formación de valores en la universidad con un enfoque integrador desde la disciplina Gestión del Talento Humano.

## Desarrollo.

El trabajo que se presenta es la experiencia de la formación de valores en la Facultad de Economía de la Universidad Agostinho Neto en las carreras de Gestión de Empresas, Contabilidad y Administración y Contabilidad y Auditoria, desde la disciplina Gestión del Talento Humano.

Cualquier intento serio de estudio ha de partir de una visión crítica de la problemática en el contexto angolano actual, la que nos llevará a develar las limitaciones e insuficiencias que se han presentado en la carrera objeto de investigación en el Facultad de Economía de la Universidad Agostinho Neto.

Ante tal prerrogativa, un grupo de investigadores del departamento de ciencias sociales asume el reto de diagnosticar la situación que presenta la problemática de los valores en la Universidad Agostinho Neto de Angola, tarea que se inicia por la Facultad de Economía.

Los resultados obtenidos en la aplicación de la encuesta nos permiten aseverar acerca de la factibilidad del desarrollo de un trabajo tendiente a la formación y consolidación de valores, en tanto poseen conocimientos de esta problemática y dominan las insuficiencias en el trabajo de las organizaciones políticas, estudiantiles e institucionales, así como de otras organizaciones.

Se destaca además el dominio sobre las insuficiencias, desde el punto de vista personal, relacionado con la exigencia hacia sí mismo, la autocrítica y la consolidación de fuertes convicciones, aún cuando no reconocen el papel que les corresponde jugar para transformar el panorama existente ante los problemas de esta naturaleza.

En la consulta de expertos, donde se muestrearon más de 50 profesores de la carrera de Gestion de Empresas, así como otros profesionales del territorio se destaca que: Aún cuando los estudiantes poseen algún conocimiento sobre la temática de los valores se hace necesario sistematizar su tratamiento en todas las disciplinas, así como la correcta derivación de los objetivos en todos los niveles y lograr una adecuada comunicación y convivencia que garantice relaciones interpersonales propias del ambiente universitario.

Independientemente de estas insuficiencias y limitaciones, la aplicación de los instrumentos ya señalados nos reveló la presencia de cualidades positivas que hacen loable el trabajo para modificar el entorno de los valores en la carrera, pues como señalara Varios Filosofos como Fidel Castro "... los valores viven. Y hoy hay que multiplicar esas ideas y esos valores como Jesucristo multiplicó los peces y los panes." (1).

Dar cumplimiento a este pensamiento de varios Actores nos llevó a la determinación de un sistema de valores sobre los cuales accionar para un adecuado funcionamiento del proceso formativo - educativo en la carrera de Gestión de Talento Humano modelando el proceso de formación de valores en los estudiantes, sus elementos estructurales, la dinámica entre ellos, así como el sistema de componentes fundamentales de los valores y en correspondencia con ellos un sistema de acciones estratégicas a desplegar en sus dimensiones: curricular y extracurricular.

Por la connotación práctico - instrumental de la concepción estratégica, la implicación, participación y responsabilidad de las estructuras sociales y especialmente educacionales, se enfatiza en la formación en valores desde las dimensiones curricular y extracurricular con una visión integral, a la que tributan: los años, las disciplinas y los proyectos educativos, con la finalidad de lograr una aproximación al graduado que exige la época actual y minimizar las insuficiencias que aún subsisten en dicha formación.

El modelo propuesto contiene una significación residente en la definición y derivación de un sistema de componentes fundamentales de los valores, que sirve de orientación; el nivel de generalidad de sus enfoques tiene en cuenta la esfera de la actividad humana en la que se forman los valores, lo que permite accionar sobre todas ellas en forma sistémica y reconoce la dialéctica de lo general y lo singular, hace loable su concreción en los marcos macrosociales de la concepción de los valores; y a nivel microsocial, constituye un instrumento metodológico para la formación y/o consolidación de valores que se sustenta en la Pedagogía de los Valores.

En correspondencia con lo anterior el modelo propuesto tiene también su sustento en las concepciones didácticas desde un enfoque holístico - configuracional, en tanto el todo no se puede explicar a través de las partes, sino que estas adquieren significación solo en el marco del todo aspecto esencial para explicar la concepción de los valores y su sistema de componentes fundamentales.

El modelo para la formación de valores en la carrera de Gestión de Empresarial parte de la concepción de que ésta se logra en el desarrollo del propio proceso docente educativo y se despliega en los componentes y sus relaciones que se refieren a continuación:

Es componente fundamental, tanto para la realización de un estudio preliminar, como para la instrumentación práctica de la estrategia y la elaboración y aplicación de los proyectos educativos la realización de un diagnóstico que permita caracterizar el estado de los valores en los sujetos.

Para analizar la formación de valores y sentimientos en los estudiantes, desde la dimensión curricular es necesario identificar el currículum como una concreción didáctica de teorías, principios, categorías y regularidades en un objeto particular de enseñanza aprendizaje.

Esta concepción teórico - metodológica, aplicada a una realidad educativa específica posee una naturaleza objetiva, contextual e integral, donde la teoría y la práctica educativa sugieren el análisis de los objetivos como uno de los problemas didácticos fundamentales de dicho currículum.

Los objetivos del graduado se constituyen en un elemento mediador entre la sociedad y la enseñanza, al reflejar el carácter social de dicho proceso. Este conocimiento exige del profesor un dominio del contexto social en el que tiene lugar el proceso de enseñanza- aprendizaje, así como la adopción de una actitud profesional, no solo técnica, sino además, sensible al orden de cosas existentes, de tal manera que las aspiraciones que se plantean en el currículum supongan para los estudiantes un sentido positivo (de progreso y ascenso), tanto en el plano individual como colectivo. Otra de las fuentes integradoras de los objetivos son los contenidos de la materia que se estudia. Por lo que el objetivo se expresa en lenguaje didáctico como: conocimientos, habilidades y valores, pero de forma generalizada, refiriéndose al cambio de comportamiento que se producirá en el estudiante e identificándose así con la esencia activa del proceso de enseñanza - aprendizaje.

Siguiendo el criterio de la formación integral se aprecia que las dimensiones cognitivas y valorativas se constituyen a partir de los contenidos de tipos cognitivos, intelectuales, motores y actitudinales, lo que permite reconocer dentro del proceso formativo la existencia de los objetivos instructivos que se dirigen hacia la apropiación por parte del estudiante de los contenidos, en su sentido más estrecho como conocimientos y habilidades y los objetivos educativos que se dirigen a las aspiraciones cualitativas del desarrollo de la personalidad del educando, la transformación de actitudes, normas de conductas, valores y sentimientos; conducentes al logro de convicciones.

La comprensión correcta de la correlación entre lo instructivo y lo educativo contribuirá a la eliminación paulatina del divorcio que se establece entre la técnica y el pensamiento humanista, pues el avance actual de la tecnología es también obra humana y de ese modo ha de ser transmitido, y en ninguna medida habrá de llevarse al estudiante el aprecio exclusivo del conocimiento científico, lo que cercena otros aspectos de la vida y la educación.

Así, la unidad del proceso docente educativo sólo se podrá conseguir cuando los factores que intervienen en él actúan ordenadamente, en relación unos con otros, de manera que cada elemento no obstaculice, sino complemente y refuerce la actuación de los demás.

A partir de los objetivos declarados en el modelo del profesional se derivan los objetivos específicos para la disciplina y los años que conforman la carrera.

Los objetivos de las disciplinas se derivan de los objetivos declarados en el modelo del profesional, de acuerdo a las características de cada una de ellas y de su relación con el objetivo instructivo, los sistemas de conocimientos y habilidades, así como de los valores y convicciones que se deben formar y consolidar, resultado del análisis del objetivo educativo e instructivo de la misma.

Existe otra estructura que funciona para la materialización de los objetivos prefijados en el modelo del profesional que se concreta a través de los objetivos del año.

De este modo, el proceso formativo deberá ejecutarse a través de un proceso desarrollador, que además de lo instructivo y lo educativo, forme al hombre como un ente transformador de la sociedad en general y de la profesión en particular, razón por la cual la formación de valores no solo deberá analizarse desde el prisma de la dimensión curricular, sino que además deberá tomar en consideración la dimensión extracurricular.

Mientras que en la dimensión curricular, como ya señalamos, se promueve y se desarrolla la labor educativa sobre la base del carácter científico del conocimiento, la dimensión extracurricular se materializa a través de dos dimensiones funda-mentales: la dimensión de extensión y la sociopolítica.

El conjunto de principios propuestos, tanto en lo curricular como en lo extracurricular, se concretan a través de la contribución que al proceso de formación de valores realizan los años, las disciplinas y en especial los proyectos educativos.

El proyecto educativo es el núcleo del modelo, en tanto relaciona a las dimensiones analizadas, con el establecimiento de una estrategia integral para el proceso de formación de valores, pasando por el prisma de su clasificación y del sistema de componentes fundamentales de éstos.

Por otra parte dentro del modelo se da una relación dialéctica entre la clasificación de los valores y la caracterización de los estudiantes que se realiza a través de la aplicación del diagnóstico, lo que permite su jerarquización para concretarlos en el proyecto educativo.

En el sentido filosófico, la idea rectora de esta reflexión lo constituye la dialéctica del todo y las partes. El establecimiento de una tipificación, estrecha el círculo para actuar sobre una cualidad o rasgo de la personalidad del estudiante y para la integración de todas estas partes, lo que implica lograr el profesional integral deseado.

En la realidad los valores, por su naturaleza, son sociales y se dan en los individuos como un todo de cualidades que conforman su personalidad, sin embargo, al analizar por separado a cada una de esas cualidades que integran el todo, se observa que en el contenido de cada valor existe un núcleo, o sea hay elementos que tienen mayor peso que otros y son precisamente los que sirven de fundamento al sistema de componentes.

Ello no implica que se desconozca la dialéctica inherente a cada valor, donde son apreciables aristas y matices de diversa naturaleza, sin embargo también se da en ellos una marcada incidencia de un lado o esfera de la realidad, más que de otra, lo que permite reconocer las dimensiones de valor, para lo que se toma en consideración: El lado de la realidad, el tipo de actividad humana, la correlación entre lo material y lo espiritual y otros postulados básicos del Marxismo Leninismo.

Lo antes expuesto permite establecer la siguiente clasificación:

Valores económicos: Se determinaron por su incidencia en la realización del tipo de propiedad. Tienen en su base al trabajo como condición básica y fundamental de la vida humana y están relacionados con los intereses sociales de carácter material de los hombres. Ejemplo; laboriosidad, altruismo, egoísmo, consagración, profesionalidad, responsabilidad material, capacidad productiva, eficiencia, capacidad de resistencia, entre otros.

Valores ideopolíticos: Se refieren al lugar y al papel de los componentes políticos e ideológicos en la formación de la personalidad. Se determinan por su sujeción a las clases y sus intereses, así como por el accionar del mecanismo político sobre la base de la práctica política y de ideología. Ejemplo; patriotismo, internacionalismo, solidaridad, heroísmo, justicia social, antimperialismo, latino -americanismo, entre otros.

Valores éticos: Se determinan por el nivel de conocimiento y actuación moral, expresión de la contraposición entre lo bueno y lo malo, lo justo y lo injusto, lo honesto y lo deshonesto. Ejemplo; amor, amistad, honradez, sinceridad, fidelidad, dignidad, virtud, respeto, decoro, deber, honor, entre otros.

Valores culturales: Se determinan por la asimilación, producción, difusión y asentamiento de ideas y principios en que se funda la sociedad. Es el conjunto de representaciones colectivas, creencias, usos del lenguaje, y estilos de pensamiento que articulan en la conciencia social. Ejemplo; estéticos, científicos, ecológicos, religiosos, de comunicación social, entre otros.

En esta clasificación se pone de manifiesto la dialéctica de lo general y lo singular. La tipología de valores expuesta contiene a su vez dimensiones de otro orden de generalidad, estas dimensiones se desdoblan en un sistema de componentes o subdimensiones. Adquiere validez en tanto nos permite determinar aristas y matices económicos, ideopolíticos, éticos y culturales de un valor, aún cuando se halla precisado un núcleo o área de mayor incidencia de determinados aspectos de la realidad más que de otros. La relatividad de esta clasificación dependerá de la movilidad y dinámica propia de la sociedad, de la dialéctica existente entre el sistema de valores del individuo y la sociedad.

Esta clasificación propuesta constituye un instrumento metodológico valioso para que los profesores de la carrera accionen sobre una cualidad de la personalidad del estudiante, así como determinar el valor que distingue al Agrónomo del resto de las demás profesiones además de propiciar los valores sobre los cuales accionar para su desarrollo y consolidación según el sistema de componentes.

VALORES Y SISTEMAS DE COMPONENTES FUNDAMENTALES

ECONÓMICOS: Profesionalidad, Responsabilidad.

Profesionalidad: calidad que alcanza el hombre por su dedicación constante, por el conocimiento y perfeccionamiento de su materia profesional, la maestría en su desempeño con ayuda de los métodos avanzados de trabajo de la rama de que se trate, de los modos de actuación y de la posesión de una amplia cultura de la profesión

Sistema de componentes: (1)Asimilación de los métodos de trabajo profesional más avanzados. (2)Iniciativa para aprovechar los recursos técnicos y humanos. (3)Capacidad para organizar la producción. (4)Poseer conocimientos científico - técnicos de su rama para aplicar tecnologías adecuadas. (5)Poseer una amplia cultura de su profesión. (6)Ser eficientes y competitivos. (7)Actitud del hombre hacía el deber profesional (ética profesional). (8)Amor al trabajo y a la profesión. (9)Capacidad para el trabajo.

Responsabilidad: Obligación que tiene ante sí el profesional de cumplir con su encargo social y ante un colectivo laboral. Al estar dentro de los modos de actuación del Ingeniero Agrónomo el de dirigir la producción agropecuaria, la responsabilidad se vinculará con la obligación de responder por la autoridad y los medios que la sociedad ha puesto en sus manos y que es ineludible y única.

Sistema de componentes: (1)Cumplimiento del deber. (2) Honesto, justo y digno. (3)Reconocimiento a todo lo que merece una alta estimación en la manera de actuar un individuo o una colectividad. (4)Alto nivel de compromiso con la tarea que desempeña, (5)Aspirar a convertirse en un líder real. (6)Desarrollar métodos de control adecuados. (7)Establecer métodos de dirección avanzados. (8)Ética profesional: Exigencias morales propias de la profesión y de la función de dirección. (9)Mantener una actitud participativa ante situaciones profesionales y personales.

## IDEOPOLÍTICOS: Patriotismo

Patriotismo: Se conforma y asume en la medida en que los individuos adquieren consciencia de lo que significa la Patria, se forma de las necesidades y exigencias históricas concretas en forma de compromisos u obligaciones que aumentan la sujeción de los hombres a la misma.

Sistema de componentes: (1)Sentimiento de cubanía. (2)Conocimiento de los deberes y derechos sociales y disposición de cumplirlos conscientemente. (3)Consideración patriótica de las necesidades e intereses colectivos respecto a los individuales. (4)Cuidado de todo lo que nos rodea. (5)La disciplina social. (6)Optimismo ante el futuro de la patria. (7)Práctica consecuente de la solidaridad humana y el internacionalismo en las relaciones familiares personales sobre la base de la ayuda, la comprensión y el colectivismo.

ÉTICOS: Deber, Sinceridad, Espíritu Crítico

Deber: Necesidad moral de cumplir las obligaciones. Se hallan determinados por el lugar del hombre en el sistema de las relaciones sociales, tienen carácter objetivo y se derivan del curso de la historia.

Sistema de componentes: (1) Elevada conciencia del deber social. (2)Ética profesional. (3)Autoconciencia por las obligaciones individuales. (4)Responsabilidad.

Sinceridad: La actitud que asume el individuo en correspondencia con sus concepciones del deber y la dignidad y se manifiesta a través de la verdad. Es testimonio de una vida transparente, sin dobleces, veraz y pura. Cuando sus acciones son claras y rectas y no dejan espacio a la mentira.

Sistema de componentes: (1) Sujeción a la verdad. (2) Desarrollo de la lealtad como virtud humana. (3) Honradez. (4) Honor. (5) Dignidad.

Espíritu crítico: Conjunto de concepciones que tiene el hombre acerca de la realidad y que se reflejan en el modo en que se integra en la solución de tareas sociales, tomando como premisa a su ideología, a su estatus social y a las condiciones históricas.

Sistema de componentes: (1) Tolerancia. (2) Autoestima. (3) Estima grupal. (4) Nivel de participación. (5) Nivel de integración. (6)Sagacidad. (7)Visión de sistema.

CULTURALES: Ecológicos, Estéticos, Científicos y Comunicación Social

Ecológicos: Actitud del hombre y de la sociedad frente al patrimonio natural e histórico que requiere de una determinada postura y educación respecto a su protección, conservación y restauración.

Este valor se constituye en básico para el profesional de las ciencias agropecuarias y es el que distingue al agrónomo del resto de las profesiones.

Sistema de componentes: (1) Desarrollo del sentido de pertenencia vinculado con el patrimonio natural e histórico y adaptación cultural al medio ecológico. (2) Responsabilidad ante el cuidado y conservación del entorno. (3) Capacidad de evaluar los problemas ecológicos y proponer soluciones. (4) Adquirir conciencia, valores, actitudes y comprometimiento ecológicos. (5) Estar suficientemente informado para contribuir de manera válida a la toma de decisiones respecto a esta problemática. (6) Desarrollar permanentemente la educación ambiental. (7) Capacidad para el desarrollo sustentable desde una óptica ética, técnica, socioeconómica e institucional. (8) Capacidad para evaluar el impacto ambiental.

Estéticos: Es el modo en que el hombre aprehende artísticamente el mundo sobre la base de las leyes de la belleza, lo cual condiciona una actitud estética frente a la realidad.

Sistema de componentes: (1) El hombre como sujeto u objeto de las relaciones estética. (2) Percibir y crear la bello en el trabajo, en la vida cotidiana, en la naturaleza, en la conducta y en el arte. (3)Capacidad para la valoración de lo bello a partir de ideales estéticos de vanguardia. (4) Postura ante las artes históricamente constituidas (arquitectura, pintura, escultura, teatro). (5) Desarrollo de las fuerzas y potencialidades creadoras orientadas a al transformación de la naturaleza y la sociedad.

Científicos: Sistema de principios, normas y valores positivos para la sociedad donde el científico desarrolla su actividad profesional y que configuran sus imperativos sobre la base de una ética.

Sistema de componentes: (1) Respeto a sí mismo, a las ideas y a la creación ajena. (2) Actitud constante de búsqueda. (3) Apego a la verdad científica. (4) Coraje intelectual. (5) Independencia de juicio y flexibilidad de pensamiento. (6) Criticar y aceptar la crítica. (7)Considerar los derechos y opiniones de otros científicos. (8) Tenacidad, abnegación y consagración. (9) Autoexigencia y autosuperación. (10) Amor por la libertad intelectual. (11) Responsabilidad por los resultados científicos y los medios empleados.

Comunicación social: Acción y efecto de comunicar, es el intercambio entre personas tanto de actividad como de conducta en las esferas material y espiritual. El intercambio de actividad personifica relaciones cognoscitivas, prácticas y valorativas.

Sistema de componentes: (1) Hacer uso del derecho de expresión y cumplir el deber de saber escuchar. (2) Discernir lo esencial en cada acto comunicativo. (3) El respeto entre los interlocutores para el establecimiento de relaciones interpersonales adecuadas. (4) Dominio de los recursos de la comunicación y su adecuación a cada entorno donde se desempeñe.

La concreción de los valores y de sus componentes fundamentales se hace posible a través del establecimiento de una estrategia integral para la formación de éstos en el marco del proceso docente educativo de la carrera. Su materialización dependerá del cumplimiento de cuatro regularidades básicas en que se sustenta el modelo, que generan un conjunto de resultados. Ellas son:

La dialéctica entre lo curricular y lo extracurricular en el proceso de formación de valores.

El factor ejemplo y su incidencia en la formación de valores.

Los proyectos educativos en la formación de valores.

Clasificación de los valores y su sistema de componentes fundamentales.

El estudio de las dimensiones de los valores, tomando en consideración la actividad del profesional de la carrera de Gestión de Recursos Humanos, permite actuar y transformar los Talentos Humanos, concluir que los valores que distinguen al agrónomo del resto de las profesiones, son los ecológicos y en torno a ellos se deben nuclear el resto de los valores, sus dimensiones y componentes.

La aplicación de diversos instrumentos de investigación y la propuesta de clasificación, nos permitió diagnosticar las siguientes situaciones en la carrera:

• Que desde el punto de vista de los valores económicos del futuro profesional de las ciencias agropecuarias en el Centro Universitario de Las Tunas, había que dedicar especial atención a la profesionalidad y a la responsabilidad material, como valores a formar

• Desde el punto de vista ideopolíticos, observamos un grado satisfactorio del desarrollo de las dimensiones y los componentes ideológicos y políticos en nuestros estudiantes, por lo que se sugiere continuar dando cumplimiento a las estrategias que tienen que ver con los valores de esta naturaleza y trabajar al patriotismo como el valor que resume en sí al resto de los valores de esta índole.

• El análisis de los valores éticos, reveló como prioridad, accionar sobre la responsabilidad moral, el deber, la sinceridad, la crítica, para hacerlos portadores de sólidas convicciones.

- La situación se nos presentó más difícil, al validar los valores culturales, la que mostró una deficiente formación de éstos, proyectándonos a trabajar sobre los valores estéticos, científicos, culturales en el sentido espiritual, los que devienen de costumbres y tradiciones, la comunicación social y sobre todo la formación sistémica y gradual de los valores ecológicos.

Teniendo en cuenta, tanto el establecimiento y clasificación de los valores, la determinación de aquellos que tienen mayor grado de deterioro, y las regularidades básicas que caracterizan al modelo, se proyecta su jerarquización, la que constituye un útil indicador para accionar sobre los actuales objetivos educativos declarados en el modelo del profesional, logrando su adecuada derivación hacia los niveles de disciplina, asignatura y año que permita su cumplimiento.

Estos requerimientos y necesidades en materia de formación de valores sugiere tomar en consideración las dificultades e incidencias ya mencionado en los estudiantes, sobre la base de las cuales se elabora esta estrategia, a través de la que se precisan y recomiendan las principales acciones a diferentes niveles de desarrollo, en correspondencia con los años, con la determinación de los valores a desarrollar en dicha carrera y su sistema de componentes teniendo en cuenta la clasificación propuesta que se concreta a través del proyecto educativo.

El estudio científico de los valores debe preceder a su investigación y a su educación en los estudiantes. Por ello para desarrollar las asignaturas que componen la disciplina Gestión del Talento Humano, se tienen los siguientes criterios:

## ¿Por qué es importante la educación en valores en las Universidades Angolanas?

El término valor está relacionado con la propia existencia de la persona, ya que afecta su conducta, configura y modela sus ideas y condiciona sus sentimientos; por consiguiente, los valores son el fundamento del orden y del equilibrio personal y social. Los valores pueden ser realizados, descubiertos e incorporados por el ser humano, en esta triple posibilidad reside su importancia pedagógica.

Los valores universales de verdad, justicia, libertad, responsabilidad, igualdad, fraternidad, solidaridad, equidad, paz, bondad y honradez, completan la formación de la persona en la comunidad educativa guatemalteca con los valores de la cosmovisión maya de la gratitud y agradecimiento, el tomar consejo, el alcance de la plenitud y cumplimiento de los trabajos, el sentido y estado de paz y responsabilidad, el valor del trabajo, el proteger todo porque tiene vida, la veracidad a través de la palabra, el respeto a los mayores, la cooperación, la belleza y limpieza en nuestra vida, el carácter sagrado de la naturaleza y el universo, la complementariedad y, el cumplimiento de nuestra misión en la vida (Chaclán; 2004).

Una dimensión más de la educación es la formación ética y moral, para lograr la vivencia cotidiana de los valores universales y de cada Pueblo guatemalteco. La Ética es uno de los fundamentos de la vida humana en relación a la conducta, valores y comportamiento: la esencia de todos los valores se ejercita socialmente en el derecho de ser, sentir, conocer, pensar, disentir, acordar, actuar y reconocer.

Un modelo de educación basado en valores básicos como: el respeto, la responsabilidad, la solidaridad, la honestidad y la autodeterminación, permite desarrollar las dimensiones de los educandos en los planos personal, intelectual, moral y social.

La formación en valores requiere de una educación donde el profesorado adquiera un compromiso social y ético, que colabore con las alumnas y los alumnos para facilitarles el desarrollo y formación de capacidades que intervienen en el juicio y acción moral, facilitando la formación de actitudes, integración, aplicación y valoración crítica de las normas que rigen en una sociedad. Un profesorado que cambie su rol tradicional de docente instructor y transmisor de conocimientos, por el fomento y la construcción de valores y formación ciudadana en sus alumnas y alumnos. proactiva que busca mejorar las condiciones de vida propias y de la comunidad. Esta postura significa más que votar y velar por sus derechos, asumir responsabilidades y deberes: la ciudadanía conlleva la disposición de participar en la formulación de propuestas e involucrarse activamente en la búsqueda de soluciones a problemas específicos de su entorno social.

En ese contexto el ciudadano es un hombre o mujer que contribuye con sus acciones a fortalecer la democracia (entendida esta como un modo de vida basado en la persona humana), se preocupa por sí mismo y por los demás, recurre a sus sueños y valores para lograr sus objetivos y resolver conflictos positiva y pacíficamente, es dinámico y propositivo, comprende, reconoce y respeta las diferencias personales hasta un límite definido por los derechos de los otros y, se compromete libremente por mejorar la forma de vida de su comunidad (Chaux; 2005). Un estudiante, responsable y con un desempeño altamente eficiente; es capaz de convivir adecuadamente con los demás de manera constructiva en una sociedad democrática. Los valores y la formación de valores; vinculada al currículum por medio de distintas opciones de trabajo es un medio para impulsar la relación entre la escuela y su entorno, permitiendo abrir más la escuela a la vida e impregnándola de la realidad social.

La educación en valores es un eje transversal y envolvente a la vez; y así está considerado dentro del Currículum Nacional Base y las nuevas Orientaciones Curriculares de todos los niveles de educación (preprimario, primario, y medio); articulándose especialmente con el Área de Formación estudiantil.

Como toda competencia, las competencias estudiantiles se evidencian en la práctica constante, en lo que las personas hacen: cada centro escolar decide como trabajarlas como parte de su Proyecto Escolar:

una de las alternativas es hacerlo desde todas las áreas es decir, transversalmente. Otra alternativa es a través de los acontecimientos cotidianos, donde la cultura de paz es fundamental para la construcción y vivencias democráticas de la comunidad educativa.

Evaluación:

Las competencias ciudadanas pueden y deben ser evaluadas a través de la realidad que viven diariamente niñas, niños y jóvenes, de esta forma, todas las situaciones de la vida escolar (el aula, el recreo, las celebraciones, los paseos, los eventos culturales, artísticos y deportivos), son espacios reales donde se practica valores y competencias para la convivencia y el ejercicio del estudiantes.

Sobre formación de valores indica que el mecanismo más efectivo podría ser un enfoque transversal a través de todas las disciplinas y grados y niveles del sistema educativo. La investigación ilustra la importancia de desarrollar estas competencias en los primeros niveles de la educación. Por ejemplo, se pueden desarrollar habilidades reflexivas vitales que son fundamentales para una actitud ciudadana crítica y activa mediante la enseñanza en ciencias, artes del lenguaje, estudios sociales y, otras disciplinas a nivel primario (Villegas- Reimers; 2006).

Se han llevado a cabo estudios en el sector de la educación no formal que también brindan importantes elementos para la formulación de políticas (Frinkl; 2000). Por ejemplo, se pueden establecer conexiones significativas entre el aprendizaje formal y no formal que mejor puede ayudar a las personas a aprender a participar efectivamente en el debate público y la toma de decisiones, y a equilibrar mejor sus intereses personales y el bien común (Schugurensky; 2002). La enseñanza de estas habilidades ciudadanas, a menudo incluidas en los programas formales de enseñanza, pueden fomentarse a través de actividades de capacitación no formales que subrayen las habilidades sociales y políticas que inciden en la vida cotidiana de las personas. Los estudios sobre educación de adultos y formación cívica también ofrecen importantes experiencias sobre la enseñanza de los valores y prácticas democráticas, como la tolerancia y el fomento de la paz. Ello sugiere también que los sectores de la educación formal y no formal tienen que actuar en mayor contacto para estimular y desarrollar actitudes personales necesarias para una participación ciudadana de calidad.

## ¿PARA QUÉ EDUCAR EN VALORES?

### ¿Qué son los valores?

La persona como sujeto histórico – social hace valoraciones y al hacerlo crea los valores, y los bienes en los que aquellos se representan. Es decir, los valores son construcciones que subsisten y se realizan en el ser humano, por y para éste. En consecuencia, las cosas naturales o creadas por el sujeto, sólo adquieren un valor al establecerse la relación entre aquellas y éste, quien las integra a su mundo como cosas humanizadas.

Al referirse a los valores, Izquierdo C (2003) reconoce que "el sujeto valora las cosas, y el objeto ofrece un fundamento para ser valorado y apreciado" (Pág. 13). Ello determina, según Moleiro, M (2001) que:

Las cosas no son valiosas por sí mismas, sino que tienen el valor que nosotros les damos y, por eso cada persona tiene su propia escala de valores.

Asimismo, especifica, que no todos nos comportamos igual ante las vivencias y los problemas de la vida; según los valores a los que les damos prioridad, le damos sentido a lo que hacemos

Se reconoce así, que los valores son cualidades peculiares, que poseen ciertas cosas llamadas bienes, y se originan en la relación que se establece, entre el sujeto valorante y el objeto valorado. Sin embargo, es necesario reconocer la existencia de valores con respecto a los actos representativos de la conducta humana, esencialmente de la conducta moral. Todo acto humano implica la necesidad de elegir entre varios actos posibles, por ende, hay selección, pues preferimos uno a otro acto, el cual se nos presenta como un comportamiento más elevado moralmente. Según Zambrano de Guerrero, A (2003):

La persona expresa su elegibilidad, mediante la captación de realidades éticas percibidas del mundo exterior, a través de los sentidos genuinamente selectivos, que siempre la realiza de diversos estímulos, aceptando sólo aquellos, vinculados con los esquemas sensorio- motrices y los esquemas noéticos que el ser humano ha construido o está en vías de construcción

Por consiguiente, la valoración moral se nos presenta como un requisito esencial para conferirle valor moral a los actos o productos humanos. Sólo lo que tiene significación humana puede ser valorado moralmente.

## ¿DÓNDE APRENDEMOS LOS VALORES?

El ser humano es una subjetividad entretejida de socialidad, pues vive condicionado por la cultura que asimila a través del proceso socializador de los grupos a los cuales pertenece. Dicho proceso favorece el aprendizaje de valores, actitudes, creencias, hábitos necesarios en la persona para participar eficazmente como miembro: individual y/o grupal.

## LA EDUCACIÓN COMO MEDIO PARA LA DIFUSIÓN DE LOS VALORES.

Desde la concepción hasta su muerte el ser humano vive una constante correspondencia con su ambiente, mediante una interacción de influencia mutua. Tal interacción se produce en su relación con el cosmos, la naturaleza y con la sociedad de la cual forma parte. De ésta, la persona recibe las normas y los valores sociales; los asimila de acuerdo con sus inclinaciones y los utiliza para enriquecer y/o modificar su propio comportamiento, de acuerdo a sus principios personales.

Todo ello se enmarca en lo que se conoce como educación. Este concepto que puede catalogarse como sinónimo de influencia, se da en forma asistemática en la familia, y grupos sociales a los que pertenece el viviente humano; pero también puede darse en forma organizada, sistemática e institucionalizada, según planes previamente establecidos. Ambas significan la preparación de la persona para la vida y por la vida.

La familia como grupo primigenio de la sociedad, juega un papel determinante en el proceso de formación de valores. Allí se gestan valores tales como: la colaboración, el compartir, la solidaridad, entre otros. De ahí la razón, por la que Moleiro, M (2001) señala que la familia es la "primera escuela de valores donde se forman los primeros hábitos". A su vez, la autora especifica que la escuela es "un medio de formación de valores, es el lugar donde el educador debe mantener una actitud transmisora de valores, siendo lo más importante el ejemplo coherente entre lo que el docente dice y lo que hace".

Esta sinergia entre el decir y el hacer honesto del educador, en cualquier escenario, es lo que lo dignifica ante los alumnos y lo convierte para ellos, en una persona creíble y "significativa" López, M (2001) refiere que la educación implica un proceso de relación en el que los seres humanos nacidos los unos para los otros, los eduquemos con y para los demás. Al establecer la relación con el otro, lo vemos como un ello hacia el progresivo desarrollo de un sentido humano y humanizante de interacciones; en las que vemos al otro como un tú, como un sujeto con la misma dignidad que nosotros. Asimismo, reconoce que la educación es un proceso por el cual se pasa progresivamente del yo – ello al yo – tú. Allí se resignifican los unos para los otros, desde el sentido egoísta de ver a los otros como seres para mí, al sentido liberador de transformarme a mí como un ser con y para los demás. Esta última idea puede considerarse como una vía pertinente para humanizarnos más como vivientes humanos, en aras de una humanidad más solidaria. Juárez, J y Moreno, A (2000) expresan que:

La educación es dinámica con tendencia a nuevos procesos educativos cada cierto tiempo; por lo que adquiere diversos matices a partir de la realidad del momento, que hacen de ella un proceso renovado es decir, regenera su estructura interna cuyo fundamento son los valores.

A partir de lo expresado por los autores mencionados, coincidimos en reforzar la idea de la inexistencia de una educación ajena a los valores. Toda educación es formación en valores, pues los mismos son las directrices del mundo humano, y donde el proceso educativo es el eje central para el aprendizaje de los mismos.

Garza, J y Patiño, S (2000) al referirse a la educación especifican que en esta época existen algunas tendencias de cambio como son: "De formar individualmente a educar para lo social y de desarrollar sólo la inteligencia a formar un ser integral" Asimismo mencionan, que a partir de estas tendencias resulta explicable la importancia, que actualmente tiene la educación en valores, educación que trata de dar una respuesta diferente a la dada por la educación tradicional en la que sólo importa la acumulación de conocimientos en detrimento de la formación holística del ser humano, que lo percibe como un ente afectivo, social y espiritual.

Las aseveraciones precedentes permiten señalar que nuestro perfil como educadores exige considerar al estudiante como un ser biopsicosocial, poseedor de características individuales, con su propia escala de valores a la que hay que respetar y esto exige que el docente posea conocimiento de sí mismo y de los otros para poder establecer una relación humanizante en el ámbito de la enseñanza formativa, como parte integrante del complejo proceso de socialización por el que niños, jóvenes y adultos se integran en la sociedad para ocupar su sitial en ella.

Además, el ser humano vive en constante relación con el medio ambiente, en el que están incluidas otras personas de diferentes características, lo cual le exige un proceso de adaptación e implica que sea capaz de asumir una actitud ponderada y ética ante situaciones presentes en el medio externo, los cuales debe ir solucionando interpersonalmente para la convivencia con su medio social, supeditado siempre al respeto de: reglas, normas, derechos y deberes establecidos por la sociedad, y que deben ser cumplidas por el hombre.

Sin embargo, la realidad es otra, cuando vemos como día a día existe el alarmante deterioro del medio ambiente por la mano del hombre, la violencia social está a la orden del día lo que involucra la violación de los derechos humanos, a la propiedad, la ausencia de justicia social, el consumismo exagerado, hambre, guerras, el consumo de sustancias nocivas para la salud, entre otros problemas. Ante este escenario desolador, el sistema educativo no debe ni puede permanecer ajeno a esta situación y se hace imperante el fortalecimiento de la educación en valores.

Pero…. ¿CÓMO EDUCAR EN VALORES?

Vivimos en una época sedienta de paz, compromiso, convivencia social, igualdad social y donde a diario escuchamos decir que hay crisis social, crisis de valores. Ante esta contingencia, la educación es el protagonista central para formar en todos los ámbitos y niveles educativos sobre: educación en valores, formación personal, formación ética y otros temas vinculantes.

Pero realmente, ¿De qué hablamos cuando decimos educación en valores? Al respecto, Garza, J y Patiño, S (2000) al definir la educación en valores lo hace como "un replanteamiento cuya finalidad esencial es humanizar la educación"

Los mismos enfatizan que "una educación en valores es necesaria para ayudarnos a ser mejores personas en lo individual y mejores integrantes en los espacios sociales en los que nos desarrollamos".

Por su parte, Juárez, J y Moreno, M (2000) al referirse a la educación en valores indican que "las cosas pasan pero queda el valor de lo que esas cosas fueron, y es en ese momento cuando el valor comienza a tener sentido en la persona".

Asimismo agregan que "todo va cambiando continuamente y lo que ha permanecido en la historia es la valoración dada a las cosas"

También especifican que "educar se convierte en una realización constante de valores, transmitiéndolos, ponderándolos y cultivándolos, como una forma de internalizarlos y la mejor manera de evaluar la internalización de un valor es a través de la actitud ejemplificante del individuo".

Los autores mencionados, manifiestan que se puede abordar la formación en valores basados en cuatro aspectos fundamentales: "la persona, las, en la que la educación en valores juega un papel decisivo. En razón de lo cual se concluye que el rol del educador es conducir al aprendiz a desarrollar sus potencialidades bajo una dimensión moral y ética, en el marco de su realidad social y ayudarlo a interpretarla para que asuma la responsabilidad de sus actos y participe activamente en su vida comunitaria.

Por lo antes expuesto, los autores del presente artículo aportan algunas ideas que puedan orientar hacia como educar en valores:

☐ A través de experiencias, vivencias de la realidad de parte de alumnos y docentes, de tal manera, que se compartan intereses comunes para así descubrir más fácilmente los valores que se poseen.

- Humanizando la educación para lograr el crecimiento interior del estudiante, para lo cual la participación de la familia en el proceso educativo es fundamental.

- Promoviendo en cada persona la capacidad de reflexionar, que le permita asumir sus propios valores como guía de conducta.

- Fomentando la convivencia social a través de actividades extracurriculares entre alumnos y docentes desde la educación primaria. Inculcándolos y creando estrategias para su reflexión en todos los niveles educativos desde el preescolar.

- Incentivando a los estudiantes en la búsqueda y encuentro dentro de su ser las potencialidades que posee y que le van a permitir su desarrollo integral.

- Incorporando a la familia y comunidades en la difusión y fortalecimiento de los valores dentro de las áreas educativas.

- Incorporando a las universidades a tra vés de la extensión y servicio para difundir los valores en las escuelas y liceos.

- A través del modelaje que tenga el docente no sólo en las aulas de clase sino fuera de ella.

¿PARA QUÉ EDUCAR EN VALORES?

La educación en valores debe ser en forma continua y permanente con la responsabilidad de todos y cada uno de los miembros de la comunidad educativa Esto ayuda a la formación integral del estudiante, quien requiere no sólo la adquisición del conocimiento científico, sino también el aprendizaje de patrones culturales impregnados de valores, que lo ayuden a ser una persona útil para sí misma y para los demás.

En consecuencia, la visión y la acción de la educación en valores, favorece que sean mejores los actos de los sujetos educativos, modelos para otros, portadores de cultura para un mundo mejor.

Traspasando las fronteras conceptuales, se llegaría a proponer dimensiones de cambio, en un plan optimista, futurista y dinámico. Es necesario que la educación inspire y fundamente la transmisión de la cultura con una cosmovisión centrada en los valores, y esta cosmovisión es la que debe unificar las mentalidades científicas, técnicas y humanísticas pertenecientes a un establecimiento educativo. Asimismo, la educación debe llevar a poner en su justo reconocimiento lo: positivo, bello, afectivo, solidario, honesto, verdadero, que trascienda en el tiempo y el espacio; el rescate y el fortalecimiento de los valores para la convivencia humana, dentro y fuera de las comunidades educativas. En tal sentido, Garza J y Patiño, S (2000) refieren que:

La escuela y sus aulas se convierten en una excelente oportunidad de educar para la paz, al enseñar y promover los valores que fortalecen el respeto a la dignidad de la persona y sus derechos inalienables, y es por esto que se presta especial atención al proceso de socialización que ocurre entre todos los miembros de la comunidad educativa, y se pretende orientar la formación de los niños y jóvenes hacia los valores y actitudes que posibiliten un desarrollo social más justo y equitativo.

Los mismos autores citan la declaración de la UNESCO en el documento el futuro de la educación hacia el año 2000 el cual especifica que la educación debe:

Promover valores para incrementar y fortalecer: el sentimiento de solidaridad y justicia, el respeto a los demás, el sentido de responsabilidad, la defensa de la paz, la conservación del entorno, la identidad y la dignidad cultural de los pueblos, la estima del trabajo. Ramos, M (2000) enfatiza que la educación como proceso social tiene que responder a las características de la sociedad en la que está inscrita. Es necesario fortalecer los valores comunitarios y cooperativos, lo cual exige que se prepare integralmente a la población. Así mismo especifica que "las soluciones no tienen que ser sólo técnicas sino que tienen una dimensión ética porque está en juego el destino del hombre".

Además, puntualiza que:

La dimensión ética implica que los individuos necesitan un grupo de valores que orienten su comportamiento social en un mundo cambiante, enfrentar los problemas con sentido ciudadano, con autonomía personal, conciencia de sus deberes y derechos y sentimiento positivo de vínculos con todo ser humano comprometido en la búsqueda de una sociedad más justa y solidaria.

Las ideas antecedentes sobre la educación en valores, denotan su valía en todos los ámbitos de la vida de los seres humanos. Vida que es posible, gracias a la satisfacción de necesidades vitales, de naturaleza biológica, psicosocial y espiritual, indispensables para mantenerla. Por consiguiente, la educación en valores representa el medio propicio para la formación de la persona, en todos los aspectos vinculados con la vida, entre los que prevalece el cuidado a la salud. Esta exige concienciar, que el cuidado a la salud es un determinante sustantivo para favorecer el mantenimiento de los mecanismos homeostáticos de índole biológico y psicosocial, capaces de enfrentar y superar los retos que nos plantea la dinámica de la vida; en nuestra relación con un mundo circundante y en permanente transformación.

Por consiguiente; se requiere reconocer e introyectar, que la salud como valor está presente en nuestra cotidianidad y ha de protegerse siempre, mediante acciones autocuidadoras vinculadasa estilos de vida saludables. Bajo esta visión valorativa de la salud, indudablemente, cada persona en condiciones de autonomía y libertad, puede y debe asumir el compromiso personal de autocuidarse para promover y mantener su estado de salud y bienestar; así como también responsabilizarse de buscar la ayuda profesionalpertinente, cuando una situación desequilibrante lo amerite.

¿En qué sujetos deseamos educar valores?.

Ante todo es imprescindible tener en cuenta que se educa a jóvenes que han seleccionado una carrera y su futura labor profesional constituye el centro alrededor de la cual se deben diseñar las influencias instructiva y educativa. La etapa juvenil plantea determinadas características generales que se deben conocer por los profesores y constatar si cada alumno es portador de ellas o no.

- ¿Qué valores posee ese joven universitario?.

Hay que asumir que ese joven, que ingresa en los recintos universitarios trae de los niveles educativos precedentes un nivel de desarrollo de su personalidad, y por tanto, determinados valores, los cuales hay que conocer antes de plantearse educarlos.

- ¿Cuál es su nivel de motivación profesional?

Como parte del diagnóstico inicial a cada estudiante debe conocerse el motivo o los motivos que lo impulsaron a seleccionar esa carrera y no otra.

- ¿Cuáles valores educar?

Ante todo hay que delimitar los valores trascendentes, los esenciales, de acuerdo con el modelo del profesional con que se trabaje, para evitar de esa forma concentrar las influencias y no perder esfuerzos ni tiempo al intentar educar demasiados valores al unísono. Además, hay que compatibilizar el enfoque analítico de los valores: considerarlos cada uno por separado, con el enfoque sintético: buscar la relación interna entre ellos, porque algunos se presuponen, al estimular la aparición de otros.

- ¿Cómo concebir a la personalidad?

Es necesario adoptar una concepción científica de la personalidad porque las influencias educativas están dirigidas a desarrollar un profesional con determinadas características personales, dentro de los cuales se insertan los valores, concretados como cualidades de la personalidad que autorregulan conscientemente su conducta de manera permanente. Al valor hay que vivenciarlo, o sea, conocerlo y sentirlo como importante por parte del que lo posee, de lo contrario no se forma ni llega a regular la conducta.

- ¿De cuáles principios psicopedagógicos partir?

La ausencia de principios que guíen la práctica educativa provoca un desmedido empirismo que lastra cualquier esfuerzo por obtener resultados en la educación de valores. Los siguientes principios son fundamentales: de la Personalidad, de la Unidad de la Actividad y la Comunicación, de la Unidad de lo Cognitivo y lo Afectivo, la Unidad de las Influencias Educativas, la Unidad de lo

Colectivo y lo Individual y de la Unidad de lo Instructivo y lo Educativo. Los cuales permiten diseñar el proceso docente-educativo de una manera más coherente y efectiva.

Pasos para llevar los criterios anteriores a la práctica se creó la siguiente metodología.

Metodología para la formación de valores desde la disciplina Gestión del Talento Humano en la Universidad Agostinho Neto.

Primer paso: Realizar un diagnóstico inicial.

Objetivo del paso:

Conocer los valores que poseen los estudiantes al comenzar las asignaturas de la disciplina.

Descripción del paso:

No se puede educar una personalidad que se desconoce, por lo que resulta imprescindible realizar un diagnóstico inicial y recurrente para ir constatando los resultados. Pero el carácter complejo de los valores impide que ese diagnóstico sea inmediato y directo, hay que involucrar a los alumnos en este proceso porque la formación de valores exige de la autoconciencia de los estudiantes, el criterio de ellos es fundamental mediante una comunicación franca y cotidiana con los profesores y hay que observar de manera sistemática a los educandos en los diferentes contextos de su actuación.

Métodos y técnicas para realizar el diagnóstico inicial.

La observación y la entrevista devienen herramientas científicas del profesor en su labor diagnóstica, amén de otras técnicas que se puedan aplicar.

Segundo paso: diseñar el proyecto educativo de la disciplina.

Objetivo del paso:

Conocer de forma anticipada los valores que se desean formar a los estudiantes durante el desarrollo de la disciplina.

Descripción del paso:

Todo el diseño del proceso de enseñanza-aprendizaje, así como de los proyectos educativos deben poseer la coherencia necesaria para que contribuyan a la educación de los valores en las dimensiones curricular, extensionista y socio-política. Hay que partir desde la clase con un enfoque novedoso, creativo, con una sólida preparación psicopedagógica por parte del claustro de profesores para que los resultados se correspondan con los esfuerzos realizados.

El proceso de enseñanza- aprendizaje debe sufrir todas aquellas modificaciones que sean necesarias para salir de la rutina y el esquematismo, de acuerdo con las aspiraciones del proyecto educativo.

Métodos y técnicas.

La clase será el núcleo fundamental para la formación de valores, a partir de la cual se produzca la irradiación hacia las otras dimensiones y actividades docentes y educativas.

Tercer paso: realizar un diagnóstico de salida.

Objetivo del paso:

Conocer los valores que poseen los estudiantes al finalizar las asignaturas de la disciplina.

Descripción del paso:

Es imprescindible comparar el diagnóstico de entrada con el de salida y constatar si se han producido cambios, con la limitante que los avances en la educación de la personalidad no son inmediatos, requieren de tiempo para que se afiancen en los alumnos.

Métodos y técnicas:

La comparación es la más antigua y más difundida forma de análisis comenzando con relacionar el fenómeno con el acto de síntesis por medio del cual se examina el fenómeno que se compara, distinguiendo en él lo general y lo particular.

¿Qué experiencias existen en otras universidades en la formación de valores?.

Es necesario conocer qué se está haciendo en otros centros de educación superior para beber de las mejores experiencias y resultados de investigaciones realizadas. El intercambio de experiencias y de resultados investigativos es muy importante, sería poco científico y hasta peligroso intentar trabajar de manera aislada. La búsqueda de bibliografía actualizada sobre el tema en Angola y en el extranjero es una labor constante del claustro de profesores, así como propiciar encuentros e intercambios con especialistas y colegas. Existen experiencias interesantes en otras universidades angolanas y extranjeras que deben ser tenidas en cuenta y aplicables con las adecuaciones correspondientes. Algunas de los resultados más interesantes son:

La necesidad de enfocar el proceso docente-educativo con una su visión ética, comunicativa, holística e interdisciplinaria.

Problematizar los contenidos de la enseñanza con situaciones conflictivas que revelen las contradicciones reales de la sociedad actual y el papel de lo valores en su dilucidación.

El alumno como sujeto del aprendizaje que logre vivenciar los contenidos de la enseñanza (unidad de lo intelectual y lo emocional), a través de un diálogo cotidiano entre el profesor y el alumno y de ellos entre sí, así como que se estimule su autoperfeccionamiento y su educación.

Necesidad de una capacitación específica a los profesores universitarios para la formación de valores en los jóvenes, a partir de la introducción en su práctica de estrategias tales como la orientación profesional, el aprendizaje grupal y el empleo de métodos participativos, así como el desarrollo de la competencia comunicativa de los docentes, y la redimensión de su rol.

- Los valores no se pueden imponer, inculcar ni adoctrinar, los alumnos deben asumirlos y hacerlos suyos por su propia construcción y determinación.

- En el profesor universitario debe provocarse la autorreflexión y autoevaluación sobre la competencia de su labor en la formación de valores.

- La ejemplaridad del claustro de profesores y del funcionamiento de la universidad.

- Se destacan los valores responsabilidad, fidelidad, solidaridad, autenticidad, patriotismo, laboriosidad y algunas vías para educarlos.

- Enfatizar en la clase como vía fundamental para la educación de los valores, junto con las demás actividades.

- Vincular de manera coherente los paradigmas cualitativos y cuantitativos de investigación.

- Se involucran fenómenos psicológicos complejos, tales como los intereses, necesidades, motivos, intenciones, aspiraciones, ideales, convicciones, etc.

- La obligatoriedad de hacer siempre un diagnóstico de cada alumno al entrar a la universidad y la constatación de su evolución en cada año.

# Conclusiones

La educación de los valores en la educación superior constituye un tema de gran actualidad y trascendencia en la formación de los profesionales que necesita la sociedad.

Su carácter complejo, multifacético y contradictorio exige del claustro de profesores una especial preparación teórica y metodológica para desarrollar la labor docente-educativa.

Con la Metodología para la formación de valores, desde la disciplina gestión de recursos humanos de la Universidad Agostinho Neto, se ha incrementado la eficiencia y eficacia del proceso de enseñanza aprendizaje, lo cual se manifiesta en una mejor preparación científico-técnica y moral de los egresados.

# Bibliografía

Álvarez, N.; Cardoso, R.; Moreno, M. (2000) La educación en valores del estudiante universitario a través del proceso docente- educativo. Universidad 2000, La Habana.

Álvarez, C. (1998) Didáctica de los valores. II Taller Nacional sobre Trabajo Político-Ideológico en la Universidad. MES. Editorial "Félix Varela", La Habana.

Avendaño, R. y Minujin, A. (1990) Un sistema autorregulado de influencias educativas, p.39-54. Revista de Ciencias Pedagógicas, No..20, Enero-Junio, La Habana.

Cárdenas, N. (1999) Educación desarrolladora y autorregulación de la personalidad. Curso Pre-evento Pedagogía 99, La Habana.

Cardoso, R. (1999) Monografía La formación integral del estudiante universitario. Revista pedagogía universitaria, No. 1, Vol. 4. Publicación electrónica de la dirección de formación de profesionales. Ministerio de Educación Superior.

Conil, J. Y Domingo, A. (1993) Los valores que se trasmiten, p. 131-145.. Revista Documentación Social, No. 93, Oct.-Dic., España.

Colliere, M (1993). Promover la Vida. España. Editorial Mc Graw Hill. Interamericana de España. Traductor: Loreto Rodríguez Méndez.

Garza, T. J. y Patiño, G. S. (2000). Educación en Valores. México Editorial Trillas.

Izquierdo, C (2003). Valores de Cada Día.

González, F. (1982a) Papel de los ideales morales en la formación de los intereses profesionales en los escolares. En Algunas cuestiones del desarrollo moral de la personalidad. Editorial Pueblo y Educación, La Habana.

González, F. (1982b) La psicología y el desarrollo moral en la sociedad socialista. En Algunas cuestiones del desarrollo moral de la personalidad. Editorial Pueblo y Educación, La Habana.

González, F. (1982c) Formación de ideales morales en los adolescentes. En Algunas cuestiones del desarrollo moral de la personalidad. Editorial Pueblo y Educación, La Habana.

González, F. (1983) Motivación moral en adolescentes y jóvenes. Editorial Científico-Técnica, La Habana.

González, F. (1985) Psicología de la personalidad. Editorial Pueblo y Educación, La Habana.

González, F. (1989) La personalidad. Su educación y desarrollo. Editorial Pueblo y Educación, La Habana.

González, F. (1996) Un análisis psicológico de los valores: su lugar e importancia en el mundo subjetivo. En La formación de valores en las nuevas generaciones. Editorial de Ciencias Sociales, La Habana.

González, O. (1982) La autorregulación moral del comportamiento. En Algunas cuestiones del desarrollo moral de la personalidad. Editorial Pueblo y Educación, La Habana.

Juárez, J. F y Moreno, M. A (2000). Una Nueva Propuesta para la Educación en Vivir. Caracas-Venezuela.

Leddy, S y Pepper, J. M (1989). Bases Conceptuales de la Enfermería Profesional. New York USA. Harper Row, Publishers, Inc.

López, M (2001). Educar la Libertad. Más Allá de la Educación en Valores. México. Editorial Trillas.

# Curriculum Vitae

## MSc. Ing: João Maria Funzi Chimpolo

Professor Universitário e Consultor de Empresas
Doutorando em ciências Técnicas na especialidade de Gestão dos
Recursos Humanos (2008)
Mestre em Direcção e Administração de empresas (Cuba – 2003)
Enginheiro Industrial (Cuba -2000)
Pos Graduação em Agregação Pedagógica – 2009
Coordenador dos Cursos de Ciências Económica na Universidade de
Belas de Angola 2007 –2012
Sócio Gerente da Consultoria Estratégica de Gestão Empresarial

Director de empresa (2005 – 2012 Angola)

## FORMAÇÃO ACADÉMICA

**Doutorando em Ciências Técnicas especialidade Gestão dos Recursos
Humanos 2008 em Cuba)**

**Doutorando em Ciencias da Administração na Atlantic International
University desde 2011**

**Mestrado em Ciências da Direcção** *(Master in Sciences in Management)*,
concentração em Organizações (Estratégia Organizacional) pelo
Programa do centro de estudos da gestão empresarial (CEGEM),
na Universidade de Holguin (UHOLM), Consultor de empresas na
consultoria Económica De Holguin – Cuba 2001- 2004), sob orientação
do Professora Doutora Rosa Palau e MSc.Lic: Mirna Gonzalez. Título:
*"Estratégia de Comercialização de produtos de lento movimento"*.
Classificação Final: A (Distinção).

Graduação em Ingenharia Industrial (Gestão de Empresas) pela Faculdade da Economia da Universidade de Holguin (FACEII) Holguin –Cuba (Janeiro de 2000) Titulo: plano estratégico de markting

Candidato do ultimo Ciclo ao titulo de Doutor em ciências Técnicas na especialidade da Gestão de Recursos Humanos. TITULO MODELO DE GESTIÓN INTEGRADA DE TALENTO HUMANO PARA INSTITUCIONES DE EDUCACIÓN SUPERIOR ANGOLANAS. CASO DE LA UNIVERSIDAD AGOSTINHO NETO.

## CURSOS EXTRACURRICULARES

Pós-graduação em Administração e Direcção Comercial – Centro de Estúdios da Gestão empresarial Novembro de 2002.

Pós-graduação em Administração, no departamento da gestão de empresas na consultoria económica de gestão

Pós-graduação em Organização de Empresas. Centro de formação turística da Universidade de Holguin

Curso da Hidrografia marítima, no instituto Hidrográfico de Lisboa Portugal 2003-2004

Pós-graduação: em formação Pedagógica da educação superior -2006(em curso)

pós - graduação: em Bolsas de Valores

Curso de Agregação Pedagógica Universidade Agostinho Neto Janeiro a- Agosto 2009

## EXPERIÊNCIA ACADÉMICA

Professor da cadeira da Gestão dos Recursos Humanos, na faculdade da economia das universidade Agostinho Neto e Jean Piaget de Angola.

Professor Regente da cadeira da Administração Publica, na Universidade Jean Piaget de Angola

Professor da cadeira de Planeamento e Controlo de Gestão no Departamento de Gestão e Contabilidade da Faculdade de Economia da U.A.N

**Professor da cadeira de Psicossociologia das Organizações,** na Universidade Jean Piaget de Angola

**Professor Auxiliar da cadeira de Marketing** no Centro de Estudos da gestão comercial da Universidade de Holguim – Cuba 2000 – 2003).

**Bolseiro/Pesquisador do Centro de Estudos da gestão empresarial,** sobre estratégias empresarial, técnicas de comercialização de produtos, e a motivação do pessoal Setembro de 1999 – Dezembro de 2003

**Monitor da cadeira de Fundamentos de Marketing** (sob responsabilidade da professora doutora Mirna Lazara Gonzalez) no Centro de estudo da gestão Empresarial, Faculdade da economia Universidade de Holguim – Cuba

Regente da disciplina Gestão dos Recursos Humanos na Faculdade de Economia Universidade Agostinho Neto 2009

Coordenador dos Cursos de Ciências Económicas na Universidade de Belas Março de 2007 Setembro 2009

## CURSOS EXTRACURRICULARES

**Pós-graduação em Administração e Direcção Comercial** – Centro de Estúdios da Gestão empresarial Novembro de 2002.

**Pós-graduação em Administração,** no departamento da gestão de empresas na consultoria económica de gestão

**Pós-graduação em Organização de Empresas.** Centro de formação turística da Universidade de Holguin

**Pós-graduação em Gestão de Recursos Humanos,** N a escola de formação do pessoal da Faculdade de economia da Universidade de Holguin

**Pos-graduação em Gerência Empresarial,** na Universidade de Holguim em Fevereiro de 2002

**Pos-graduação. técnicas de Negociação,** na Universidade de Holguim Dezembro de 2002

**Pós-graduação em Técnicas e Inovação nas Empresas,** Orientado pelo Dr. Pere Escorsa Castella catedrático da universidade Politécnica de Catalunya, Janeiro de 2003

## PARTICIPAÇÃO EM CONFERÊNCIAS

* Seminário internacional da Gestão Empresarial, como ponente da matéria sobre
* Participação como assistente nas Universiadas 2008 Cuba
* Participação Ponente na VI Conferencia Internacional de Gestão Empresarial com o Tema: MODELO DE GESTIÓN INTEGRADA DE TALENTO HUMANO PARA INSTITUCIONES DE EDUCACIÓN SUPERIOR ANGOLANAS.: CASO DE LA UNIVERSIDAD AGOSTINHO NETO. Abril – 2009
* Participação como Ponente no Congresso Internacional Pedagogia 2011 em Havana Cuba com o Tema: As tendencias actuais do capital Humano.
* Participacion como ponente en el 1er congresso pedagogico de la universidad Autonoma de Mexico em 2011
* Participacao no 1er congresso internacional Retos y Contradiciones como ponente del trabajo La Metodologia para formacion de valores en la Faculdadd de Economia de la Universidad Agostinho Neto celebrado en Barranquilla Colombia Setiembre -2012